令和5年度学力検査［特別］

国語

（45分）

岡山県公立高等学校

受検上の注意

1　「始めなさい。」の指示があるまで、問題を見てはいけません。

2　解答用紙は、この表紙の裏面です。

3　指示があったら、解答用紙と問題用紙を全部調べなさい。問題用紙は1ページから11ページにわたって印刷してあります。もし、ページが足りなかったり、やぶれていたり、印刷のわるいところがあったりした場合は、手をあげて監督の先生に言いなさい。そのあと、指示に従って解答用紙に受検番号、志願校名を書き入れてから始めなさい。

4　解答用紙の定められたところに、記号、数、式、ことば、文章などを書き入れて答えるようになっていますから、よく注意して、答えを書くところや書き方をまちがえないようにしなさい。

5　答えが解答欄の外にはみ出したり、アかイかよくわからない記号を書いたりすると、誤答として採点されることがあります。

6　解答用紙に印刷してある□や※□には、なにも書いてはいけません。

7　メモなどには、問題用紙の余白を利用しなさい。

8　「やめなさい。」の指示があったら、すぐに書くのをやめ、解答用紙を机の上に広げて置きなさい。問題用紙は持ち帰りなさい。

9　解答用紙は、検査室からいっさい持ち出してはいけません。

受検番号
(算用数字)
志願校

解答用紙

注意　字数が指定されている設問では、「、」や「。」も一ます使いなさい。

1

(1)①	(1)②	(1)③	(1)④	(2)	(3)	(4)	(5)①	(5)②	(5)③	(5)④

2

(1)	(2)	(3)①	(3)②	(4)

※

※70点満点
（配点非公表）

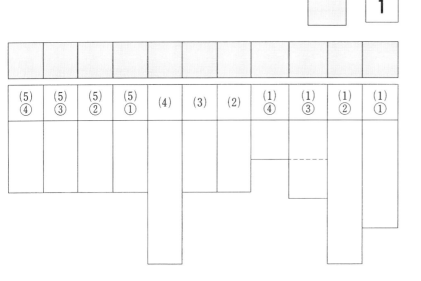

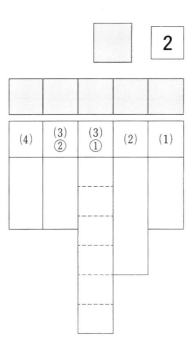

問題は、次のページから始まります。

1　次の(1)～(5)に答えなさい。

(1) ①～④の――の部分について、①、②は漢字の読みを書きなさい。また、③、④は漢字に直して楷書で書きなさい。

① この遺跡は文化財に指定されている。

② 成功の暁にはみんなでお祝いしよう。

③ 直射日光を避け、涼しい場所でホカンする。

④ 海鮮料理にシタつづみを打つ。

(2) 次の文章の――の部分について、品詞の種類が他の三つと異なるのは、ア～エのうちではどれですか。一つ答えなさい。

ア静かな山中を歩いていると、一本のイ大きな木を見つけた。私はその木陰で、ウ大好きなお菓子を食べながら、しばらく休憩をとった。ふと耳を澄ませば、小鳥のさえずりが聞こえてきた。それはエすてきな歌声のようであった。

(3) 次の文の□に入れることばとして最も適当なのは、ア～エのうちではどれですか。一つ答えなさい。

彼は、図書館なら□読みたい本も見つかるだろうと教えてくれた。

ア　まるで　　イ　よもや　　ウ　どうか　　エ　きっと

(4) 次の(例)と同じ関係になるように、□に入れるのに適当な敬語を、一単語で書きなさい。

(例) 来る ―― いらっしゃる　　言う ―― □

（　）国語の授業で家族のことを作文に書いた健太さんは、同じ班のメンバーから作文の一部について助言をもらっています。次の【班での話し合い】を読んで、①～④に答えなさい。

【班での話し合い】

> 健太　私の作文を読んで、気になるところがあれば教えてください。
> 亜紀　この「姉が自転車で図書館に出かけた弟を追いかけた。」というところが気になります。どことなく読みづらいし、自転車に乗っているのが誰なのかがわかりにくいと思います。
> 伸一　確かに二通りの解釈が可能ですね。「自転車で」という□が、「出かけた」にかかる場合は弟が自転車に乗っていることになり、「追いかけた」にかかる場合は姉が自転車に乗っていることになります。
> 健太　読みやすく、しかも、内容をわかりやすくするためには、どうすればいいでしょうか。
> 伸一　読点を付けて、意味のまとまりを明確にするといいと思います。
> 亜紀　なるほど、読点を付けるだけでも、わかりやすくなりますね。私も、内容が正しく伝わるような文を書くよう気をつけたいと思います。

① 【班での話し合い】のように、表現を練り直してよりよいものに仕上げることを表すことばは、ア～エのうちではどれですか。一つ答えなさい。

ア　矛盾　**イ**　杞憂《きゆう》　**ウ**　蛇足　**エ**　推敲《すいこう》

② □に入れることばとして最も適当なのは、ア～エのうちではどれですか。一つ答えなさい。

ア　文節　**イ**　単語　**ウ**　体言　**エ**　自立語

③ 「読点を……する」とありますが、健太さんが書いた次の文について、「弟が自転車に乗っている」ことが明確になるように読点を打つとき、その位置として最も適当なのは、ア～オのうちではどれですか。一つ答えなさい。

姉が **ア** 自転車で **イ** 図書館に **ウ** 出かけた **エ** 弟を **オ** 追いかけた。

④ 【班での話し合い】における発言の特徴を説明したものとして最も適当なのは、ア～エのうちではどれですか。一つ答えなさい。

ア　健太は、亜紀と伸一の発言の共通点を見いだし、自分なりの結論を導き出している。
イ　亜紀は、自らの経験を具体例として提示し、発言の内容に説得力をもたせている。
ウ　伸一は、健太と亜紀の発言から、問題点を明確にして修正の方針を打ち出している。
エ　三人は、お互いの発言内容を復唱して、議論に偏りが生じないよう注意している。

2　次の文章は、江戸時代の俳人で松尾芭蕉《まつおばしょう》の門人である向井去来《むかいきょらい》の俳論『去来抄』の一節について、原文を引用しつつ書かれた解説文です。これを読んで、(1)〜(4)に答えなさい。

ⓐ岩鼻やここにもひとり月の客　去来

先師上洛《じやうらく》の時、去来曰《いは》く「洒堂《しやだう》はこの句を『月の猿』と申し侍《はべ》れど、予は『客』勝りなんと申す。いかが侍るや」。先師曰く「猿とは何事ぞ。汝《なんぢ》、ⓑこの句をいかにおもひて作せるや」。去来曰く「明月に乗じ山野吟歩し侍るに、岩頭また一人の騒客を見付けたる」と申す。先師曰く「『ここにもひとり月の客』と、己と名乗り出《い》でたらんこそ、いくばくの風流ならん。ただ自称の句となすべし。この句は我も珍重して、『笈《おひ》の小文』に書き入れける」となん。予が趣向は、なほ二三等もくだり侍りなん。先師の意を以《もっ》て見れば、少し狂者の感もあるにや。（中略）

ⓒここで問題になっているのは、去来の岩鼻やここにもひとり月の客という句の解釈です。去来は、同じ芭蕉の門人である洒堂に、下の句を「月の猿」にした方がいいのではないかと言われました。猿と月という取り合わせ、あるいは名月をながめる猿という組み合わせは、中国絵画や漢詩などによく出て来る伝統的な素材です。洒堂は去来の句がそういう伝統を踏まえてよまれたものだと理解し、それだったら、「月の猿」と言った方がいいのではないかという意見を述べたわけです。去来は、たぶんそこに一理あると感じつつも、しかし「月の客」でいいと思って、芭蕉が京都に来たときに質問したのでした。

芭蕉は、まず、この句でどういう光景を表現しようとしたのかを去来に聞いています。去来の返事は、中秋の名月に誘われて山野を歩いていると、岩の突端に、やはり月をめでている風流人がいた、それで嬉《うれ》しくなって作った、というものでした。しかし芭蕉は、

いや、そうではない。「月の客」というのは、自分自身のことなのだ。自分が月に向《むか》って、ここにひとりあなたを愛《め》でている風狂の人がいるよ、と名乗り出た句と解するからおもしろくなるのだよ。私も気に入って手控えに記しておいたくらいなのだから。

と答えたのです。芭蕉は、去来の意図になかった、あるいはそれを超えた解釈を示したわけです。（中略）

私たちは「文学作品」に接する場合、非常にしばしば、作者の意図はどのようであったのか、ということに関心を持ちます。また、近代以降の作者であれば、いろいろな機会に自作解説を試みていますから、それを読むことによってなるほどと納得し、それでわかった気になることが多いと思います。

しかし、この例が示唆しているのは、作者の意図が作品のすべてではないということです。作者をも納得させてしまう、作者の意図になかった解釈を提示することは可能であるし、ときにはそれを作者自身が納得し受け容《い》れる場合もある、ということです。（中略）

そうして、このことは我々のような、ⓓ実作をしない、読むことだけに従事しているものに、大きな勇気を与えてくれます。作者の意図は絶対ではない。軽んじていいわけではないが、その意図を超えた読みは追求可能だし、そこにこそ文学作品の豊かな解釈は存している、という可能性を教えてくれているからです。

（出典　木《き》越治《ごしおさむ》「読まなければなにもはじまらない　いまから古典を〈読む〉ために」）

(注) 『笈の小文』——ここでは芭蕉の自選の句集のこと。
狂者——風雅を強く求める人。後の「風狂の人」も同意。

(1) ⓐ「岩鼻やここにもひとり月の客」について、この句がよまれた季節を書きなさい。

(2) ⓑ「おもひ」の読みを、現代かなづかいを用いてひらがなで書きなさい。

(3) ⓒ「ここで……解釈です」とありますが、「月の客」という表現について、「洒堂」、「去来」、「芭蕉（先師）」の考えをノートにまとめました。次の【ノートの一部】を読んで、①、②に答えなさい。

【ノートの一部】

○「月の客」について
・洒堂の考え……「月の猿」に改めるほうがよい。
　理由　月と猿という X の組み合わせを踏まえたもの。
・去来の考え……「月の客」のままでよい。
　理由　月をめでる Y がいてうれしくなった。
・芭蕉（先師）の考え……「月の客」のほうがよい。
　理由　「月の客」は Z を指し、自称の句と考えるのがおもしろい。

① 「洒堂の考え」について、X に入れるのに適当なことばを、文章中から六字で抜き出して書きなさい。

② Y 、Z に入れる人物の組み合わせとして最も適当なのは、ア～エのうちではどれですか。一つ答えなさい。

ア　Y 去来　Z 風流人
イ　Y 風流人　Z 去来
ウ　Y 芭蕉　Z 風流人
エ　Y 風流人　Z 芭蕉

(4) ⓓ「実作を……くれます」とありますが、筆者がこのように考える理由を説明したものとして最も適当なのは、ア～エのうちではどれですか。一つ答えなさい。

ア　文学作品は、作者の意に沿った読み方をすることで、テーマの正確な理解が可能になるものだから。
イ　文学作品は、作品世界に没入することで、新たな視点で作品を捉え直すことができるものだから。
ウ　文学作品は、読者の自由な想像をもとに、幅広い読みを許容する豊かな可能性をもつものだから。
エ　文学作品は、一つ一つの表現やことばに注目しつつ、作品の世界観を丁寧に味わうべきものだから。

3

次の文章は、美術部に所属する「僕」が、自分の描いた絵をじっと見つめている場面です。「僕」は、感染症対策として対外試合が取りやめになる中、「鈴音」たち運動部員の練習する姿を描きましたが、その絵が「鈴音」の不注意により墨で汚されてしまった上に、出品を予定していた市郡展での審査や体育祭での展示も中止になってしまいました。これを読んで、(1)～(6)に答えなさい。

問題は，次のページから始まります。

1 次の(1)～(4)の計算をしなさい。(5)，(6)は指示に従って答えなさい。

(1) $9-(-2)$

(2) $\left(-\frac{5}{3}\right)\times\frac{9}{10}$

(3) $6ab^3\times 2a\div 3ab^2$

(4) $\sqrt{54}-\sqrt{6}$

(5) x^2-49 を因数分解しなさい。

(6) 方程式 $x^2-3x+1=0$ を解きなさい。

2 次の(1)～(5)に答えなさい。

(1) 次の文の［　　］に当てはまる式として最も適当なのは，**ア**～**エ**のうちではどれですか。一つ答えなさい。ただし，消費税は考えないものとします。

> 定価が a 円の品物を1割引きで買ったときの代金は，［　　］円である。

ア $\frac{1}{10}a$　　**イ** $\frac{1}{100}a$　　**ウ** $\frac{9}{10}a$　　**エ** $\frac{9}{100}a$

(2) 右の図は，立方体の展開図です。これを組み立ててできる立方体において，面Xと平行になる面は，**ア**～**オ**のうちではどれですか。一つ答えなさい。

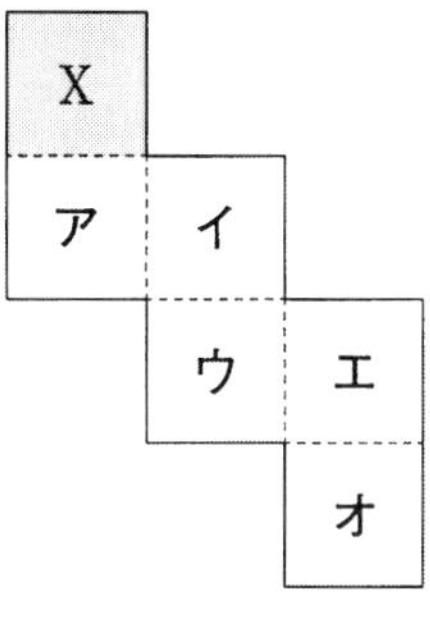

(3)　次のア～エは関数を表しています。$x>0$の範囲において，xの値が増加するとき，yの値が増加するのは，ア～エのうちではどれですか。当てはまるものをすべて答えなさい。

ア　$y=2x^2$　　**イ**　$y=-2x^2$　　**ウ**　$y=\dfrac{2}{x}$　　**エ**　$y=-\dfrac{2}{x}$

(4)　大小２つのさいころを同時に投げるとき，出た目の数の積が20以上となる確率を求めなさい。ただし，さいころの１から６までの目の出方は，同様に確からしいものとします。

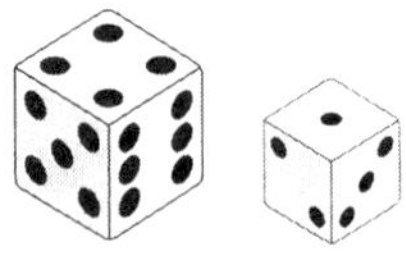

(5)　図のような，∠ＡＢＣ＝140°のひし形ＡＢＣＤがあります。次の**【条件】**を満たす点Ｐを，定規とコンパスを使って作図しなさい。作図に使った線は残しておきなさい。

【条件】
点Ｐは辺ＣＤ上にあり，∠ＰＢＣ＝35°である。

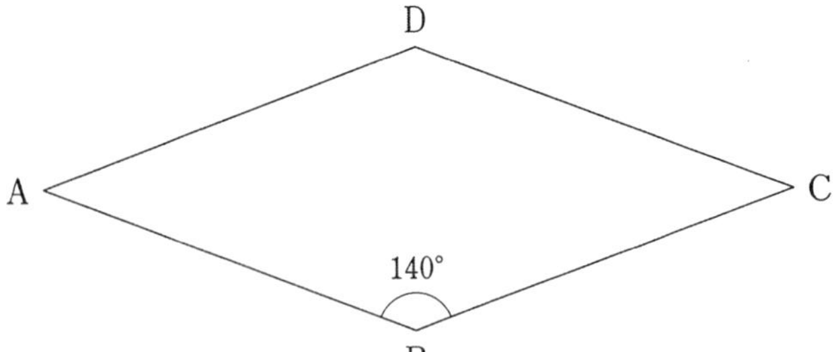

3 問題Ⅰ，問題Ⅱに答えなさい。

問題Ⅰ

次の表は，ある一次関数について，xの値とそれに対応するyの値を表しています。(1)，(2)に答えなさい。

x	…	1	3	5	7	…
y	…	-2	□	6	10	…

(1) □に適当な数を書きなさい。

(2) この一次関数のグラフとして最も適当なのは，**ア**～**エ**のうちではどれですか。一つ答えなさい。ただし，原点をOとします。

ア

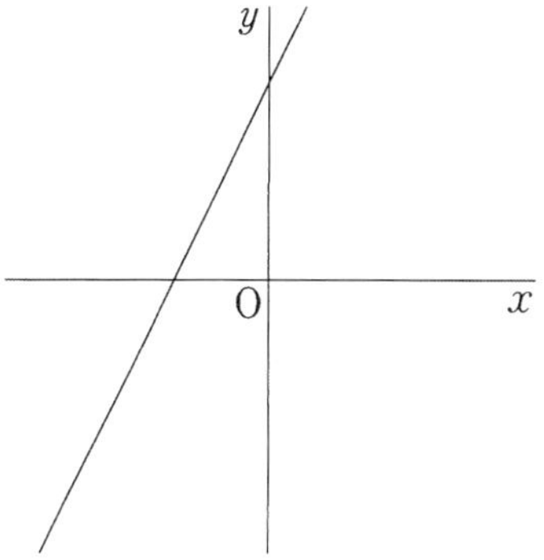

イ

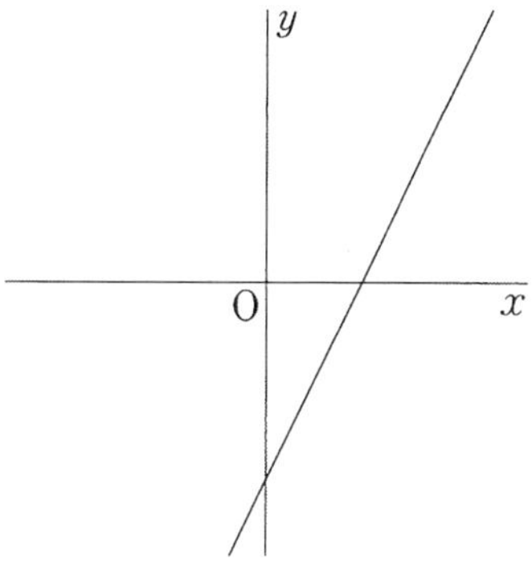

ウ

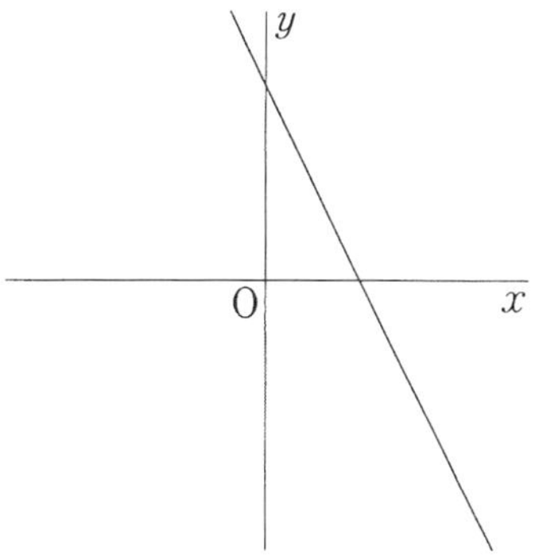

エ

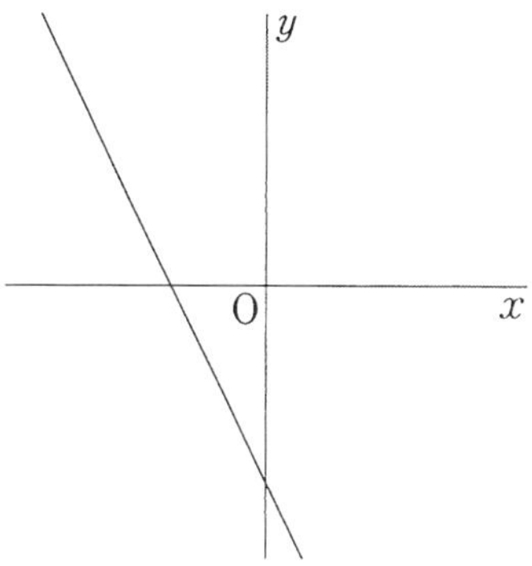

問題Ⅱ

図のように，一次関数 $y = -2x + 1$ のグラフを直線 ℓ とし，点A（−1，0）を通り，y 軸に平行な直線を m とします。また，直線 ℓ と直線 m との交点をBとし，原点をOとします。(1)〜(3)に答えなさい。

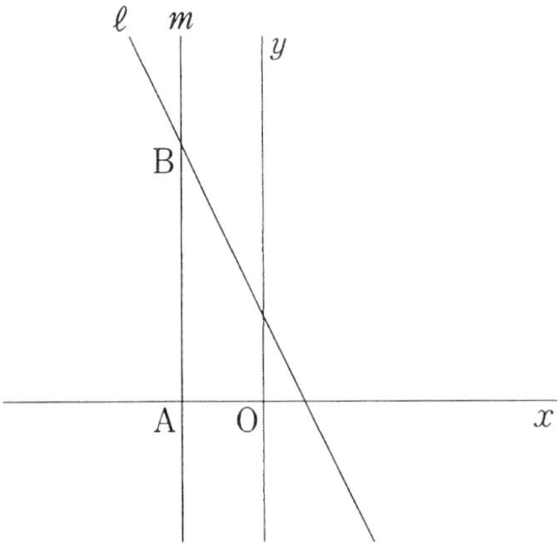

(1) 直線 m の式として最も適当なのは，**ア**〜**エ**のうちではどれですか。一つ答えなさい。

ア $y = 1$　　**イ** $y = -1$　　**ウ** $x = 1$　　**エ** $x = -1$

(2) 点Bの座標を求めなさい。

(3) 直線 ℓ と x 軸との交点をCとします。△ABCを直線 m を軸として1回転させてできる立体について，①，②に答えなさい。

① この立体の見取図として最も適当なのは，**ア**〜**エ**のうちではどれですか。一つ答えなさい。

ア

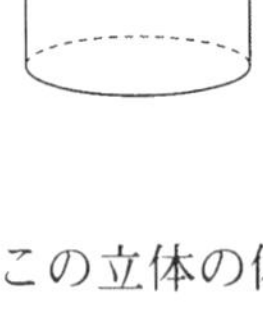

イ

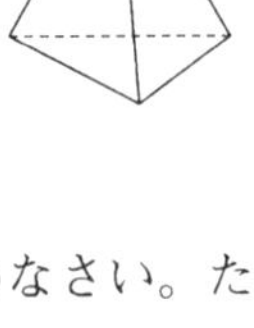

ウ

エ

② この立体の体積を求めなさい。ただし，原点Oから点（1，0）までの距離，原点Oから点（0，1）までの距離をそれぞれ1cmとします。

4 ある県で，水泳の県大会に向けた地区予選会が行われました。A地区の予選会で50 m自由形に出場した桃子さんは，出場した20人の50 m自由形の記録をノートにまとめました。(1)，(2)に答えなさい。

＜桃子さんのノート＞

・自分の記録は33.8秒だった。

・20人の記録を階級の幅の異なるヒストグラム（図1，図2）に表した。

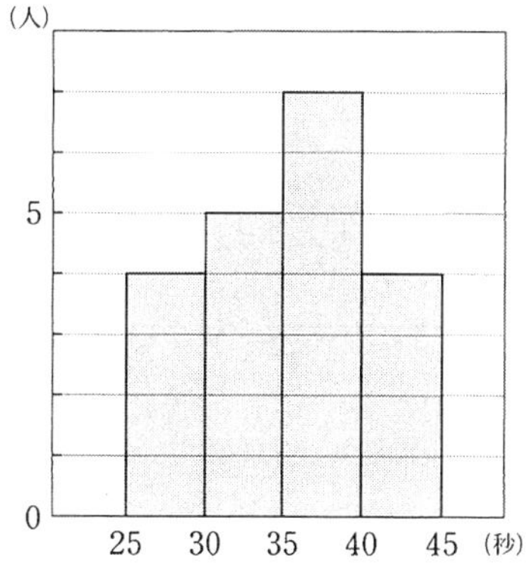

図1

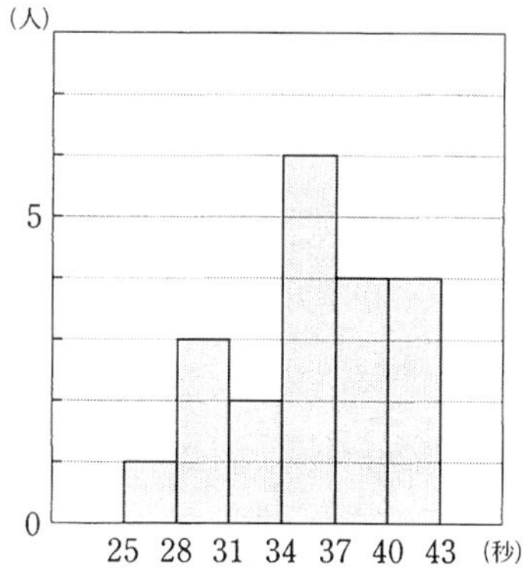

図2

・図1では，自分の記録が入っている階級の度数は［（あ）］人だった。

・図2では，階級の幅を［（い）］秒にした。

・階級の幅を変えると，読み取れる傾向が異なると思った。

※例えば，図1の25～30の区間は，25秒以上30秒未満の階級を表す。

(1) ［（あ）］，［（い）］に適する数を書きなさい。

令和５年度学力検査［特別］

英　　語　（45分）

受検上の注意

1　「始めなさい。」の指示があるまで，問題を見てはいけません。

2　解答用紙は，この表紙の裏面です。

3　指示があったら，解答用紙と問題用紙を全部調べなさい。
　問題用紙は１ページから10ページにわたって印刷してあります。もし，ページが足りなかったり，やぶれていたり，印刷のわるいところがあったりした場合は，手をあげて監督の先生に言いなさい。そのあと，指示に従って解答用紙に受検番号，志願校名を書き入れてから始めなさい。

4　解答用紙の定められたところに，記号，数，式，ことば，文章などを書き入れて答えるようになっていますから，よく注意して，答えを書くところや書き方をまちがえないようにしなさい。

5　答えが解答欄の外にはみ出したり，アかイかよくわからない記号を書いたりすると，誤答として採点されることがあります。

6　解答用紙に印刷してある □ や ※ には，なにも書いてはいけません。

7　メモなどには，問題用紙の余白を利用しなさい。

8　「やめなさい。」の指示があったら，すぐに書くのをやめ，解答用紙を机の上に広げて置きなさい。問題用紙は持ち帰りなさい。

9　解答用紙は，検査室からいっさい持ち出してはいけません。

受検番号	(算用数字)	志願校	

解

注意　1　英語で書くところは，活字体，筆記体のどちらで書いてもかまいません。
　　　2　語数が指定されている設問では，「,」や「.」などの符号は語数に含めません。
　　　　また，「don't」などの短縮形は，1語とします。

1

A(1)	
A(2)	
A(3)	
B(1)	
B(2)	
C(1)	
C(2)	
C(3)	

2

(1)(あ)	
(1)(い)	
(2)(う)	＿ ＿ ＿ ＿ ＿ ＿
(2)(え)	＿ ＿ ＿ ＿ ＿
(3)①	You can learn how (　　　　　) them there.
(3)②	The bridge (　　　　　) about 100 years ago.
(4)(お)	
(4)(か)	
(5)	
(6)	

問題は，次のページから始まります。

1　この問題は聞き取り検査です。**問題Ａ～問題Ｃ**に答えなさい。すべての問題で英語は２回ずつ読まれます。途中でメモをとってもかまいません。

問題Ａ　(1)～(3)のそれぞれの英文で説明されている内容として最も適当なのは，**ア**～**エ**のうちではどれですか。一つ答えなさい。

(1)

ア
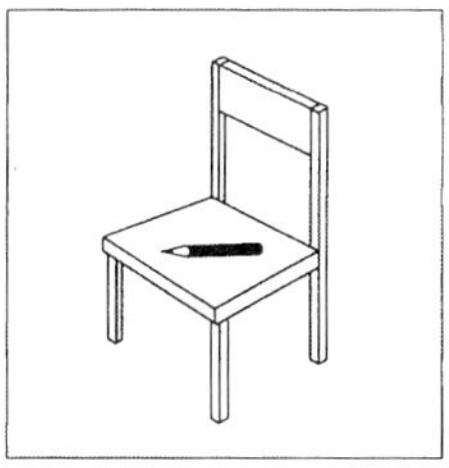
イ
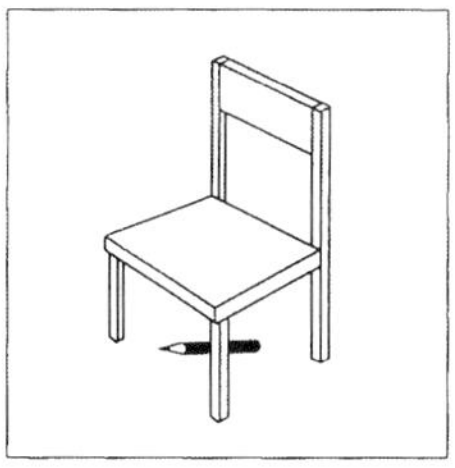
ウ

エ

(2)

ア
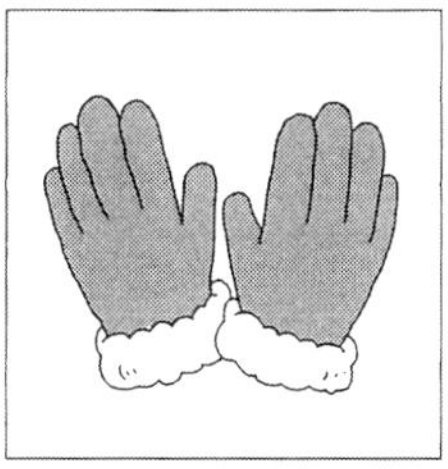
イ

ウ

エ

(3)

ア

スケジュール	
月	
火	
水	図書館
木	
金	
土	
日	

イ

スケジュール	
月	
火	
水	
木	図書館
金	
土	
日	

ウ

スケジュール	
月	
火	
水	書店
木	
金	
土	
日	

エ

スケジュール	
月	
火	
水	
木	書店
金	
土	
日	

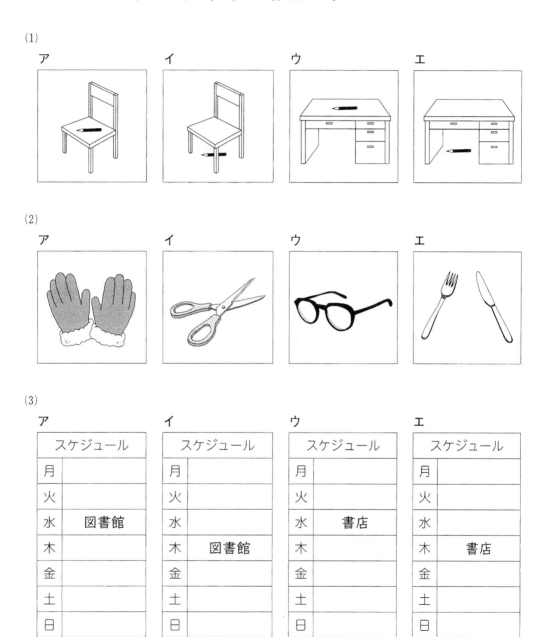

問題B　(1)，(2)のそれぞれの会話の最後の文に対する応答部分でチャイムが鳴ります。そのチャイムの部分に入れるのに最も適当なのは，**ア**～**エ**のうちではどれですか。一つ答えなさい。

(1)
- **ア**　Nice to meet you, too.
- **イ**　How was it ?
- **ウ**　You're welcome.
- **エ**　That will be nice.

(2)
- **ア**　Really ?　I visited the hot spring, too.
- **イ**　Well, he is thirty years old.
- **ウ**　Then, let's buy some juice.
- **エ**　Yes.　He is called Sam by his friends.

問題C　中学生のGenはメモを取りながら，野球選手として活躍しているMarc選手の講演を聞いています。(1)～(3)に答えなさい。

[Genのメモの一部]

みんなにしてもらいたいこと
1つ目　しっかりと［　(あ)　］―― Marc選手は［　(い)　］時間

(1)　［　(あ)　］，［　(い)　］に入れる内容の組み合わせとして最も適当なのは，**ア**～**エ**のうちではどれですか。一つ答えなさい。

ア　(あ)　練習をする　(い)　6　　　**イ**　(あ)　睡眠をとる　(い)　6
ウ　(あ)　練習をする　(い)　8　　　**エ**　(あ)　睡眠をとる　(い)　8

(2)　講演の中で，コミュニケーションについてMarc選手が述べた内容として，<u>当てはまらないもの</u>は，**ア**～**エ**のうちではどれですか。一つ答えなさい。

ア　仲間とのコミュニケーションは，頻繁にとるようにする。
イ　仲間とのコミュニケーションでは，端的に情報を伝えるようにする。
ウ　コミュニケーションのおかげで，チームとしてうまくやっていける。
エ　コミュニケーションのおかげで，仲間の考えを理解できる。

(3)　講演の最後にMarc選手がした質問に対して，どのように答えますか。あなたがGenになったつもりで，書き出しに続けて，［　　　　］に3語以上の英語を書き，英文を完成させなさい。

I can ［　　　　］.

2　Ryo, Mina, Eri は英語クラブに所属しており，原先生（Mr. Hara）がそのクラブを担当しています。クラブの活動日に学校で，近くの大学に留学している Darsha との交流会（exchange meeting）が行われました。(1)～(6)に答えなさい。

(1)　交流会の準備中に，原先生が生徒と話をしました。[(あ)]，[(い)] に入れるのに最も適当なのは，ア～エのうちではどれですか。それぞれ一つ答えなさい。

Mr. Hara　:　What is your presentation about ?

Ryo　　　:　It is about [(あ)] from our town, such as carrots and onions. They are delicious. Has Darsha eaten them yet ?

(あ)　ア　rooms　　イ　magazines　　ウ　shoes　　エ　vegetables

Mina　　　:　How long will Darsha be with us on the day of the exchange meeting ?

Mr. Hara　:　[(い)] an hour.

(い)　ア　For　　イ　Until　　ウ　During　　エ　By

(2)　交流会で Darsha に話してもらいたいことについて日本語で作成したメモを，Eri が英語にしました。日本語のメモの内容に合うように，[(う)]，[(え)] に最も適当な英語１語をそれぞれ入れ，メモを完成させなさい。ただし，[　　　] 内の _ には記入例にならい，１文字ずつ書くものとします。

記入例　[c a p]（各文字の下に _ ）

日本語のメモ	Eri が英語にしたメモ
・好きな食べ物，歌，動物	・your favorite food, song and [(う) _ _ _ _ _ _]
・将来の夢	・your future [(え) _ _ _ _ _]

(3)　Ryo が，交流会で自分たちの町を Darsha に紹介しました。必要があれば（　　）内の語を適当な形に変えたり，不足している語を補ったりなどして，それぞれ意味が通るように英文を完成させなさい。

①　If you like paper cranes, you should visit the Origami Museum. You can learn how (make) them there.

②　Momiji Bridge is beautiful. The bridge (build) about 100 years ago.

(4) Mina と Ryo が，交流会で Darsha と話をしました。 ⎡ (お) ⎤, ⎡ (か) ⎤ に入れるのに最も適当な英語1語をそれぞれ書きなさい。

Mina   : In this photo, you're holding a little girl. Darsha, ⎡ (お) ⎤ is this girl ?
Darsha : Oh, she is my sister's daughter.

Ryo   : I like this singer very much.
Darsha : Really ? I'm a big ⎡ (か) ⎤ of the singer, too.

(5) Darsha と Eri が交流会の後に話をしました。下線部の語をすべて用いて，意味が通るように並べ替えなさい。

Darsha : Thank you (for / to / me / inviting) the exchange meeting today.
          I enjoyed the meeting.
Eri   : I'm glad to hear that.

(6) 交流会を終えて，Mina は振り返りをノートに書きました。Mina が考えている振り返りの内容に合うように，書き出しに続けて，⎡_____⎤ に 5 語以上の英語を書き，Mina のノートの英文を完成させなさい。

Darsha がクラブに来てくれた。
交流会では，英語で彼女と話をした。
いい会だったな。

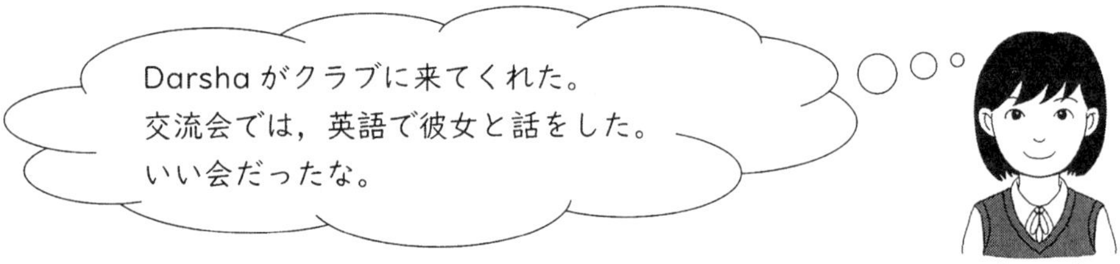

[Mina]

Mina のノート

Darsha came to our club.
At the exchange meeting, I ⎡_____⎤.
It was a nice meeting.

3 **問題A**，**問題B**に答えなさい。

問題A　Toshi が英語の授業でスピーチをしました。次の英文は，そのスピーチです。(1)，(2)に答えなさい。

I went to Momiji River with my father yesterday. First, we had lunch. After lunch, we watched wild birds. They were swimming in the river. Then, we enjoyed fishing. We caught a lot of fish. In the evening, we cooked the fish for dinner. We wanted to watch fireflies, so we walked along the river. Soon it started raining, and we ran back to the car. I'm sad that we didn't find any, so I want to try that again. I hope that I will see some next time.

〔注〕 wild　野生の　　　　firefly　ほたる

(1)　Toshi がスピーチで述べた内容として，当てはまらないものは，**ア**～**エ**のうちではどれですか。一つ答えなさい。

ア

イ

ウ

エ

(2)　下線部の内容として最も適当なのは，**ア**～**エ**のうちではどれですか。一つ答えなさい。

ア　eat lunch by the river
イ　walk along the river to see flowers
ウ　catch a lot of fish in the river
エ　go to the river to watch fireflies

(特)

※教英出版注
音声は，解答集の書籍ＩＤ番号を教英出版ウェブサイトで入力して聴くことができます。

1 聞き取り検査

問題A 次の英文が２回読まれるのを聞いて，問題用紙の指示に従って答える。

(1)
I found my pencil under the desk.

(2)
You can wear these to keep your hands warm.

(3)
It is Thursday today. I went to a bookstore to buy some books yesterday.

問題B 次の会話が２回読まれるのを聞いて，問題用紙の指示に従って答える。

(1)
A : What is your plan for tomorrow ?
B : I am going to see a movie with my brother.
A : (チャイム)

(2)
A : It is very hot today, and I am thirsty.
B : Me, too. I want to drink something cold.
A : (チャイム)

問題C 次の英文が２回読まれるのを聞いて，問題用紙の指示に従って答える。

I want you to do three things. First, sleep well at night. I usually sleep from ten p.m. to six a.m. It is important to sleep well at night to practice hard. Second, communicate with your team members often. By doing so, all the members can work well as a team. You can also understand what they think. Third, start your day with a nice morning. For example, you can open a window and feel good when fresh air comes in. What else can you do in the morning to start a good day ?

問題B　Ayuの留学先の学校で実施した，運動（exercise）に関するアンケート調査（survey）の結果を見ながら，TedとAyuが話し合いをしています。次は，そのアンケート調査の結果と話し合いの英文です。(1)～(3)に答えなさい。

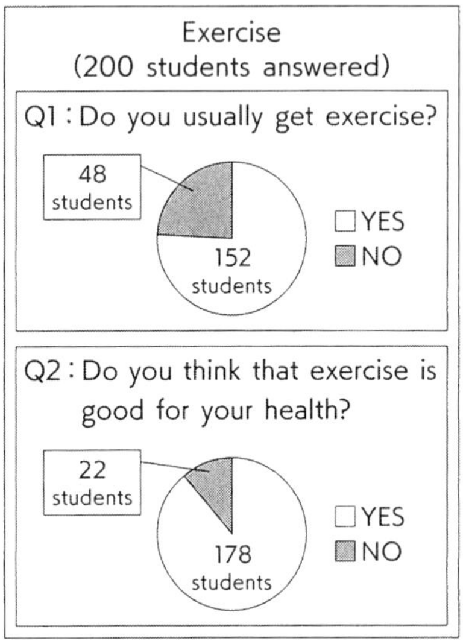

survey results

Ted : Look at this. About [(あ)] students say that they usually don't get exercise.

Ayu : However, about 180 students think that exercise is good for their health. What were your answers to these two questions ?

Ted : I answered "yes" to those two questions.

Ayu : What exercise do you do for your health ? I want to get some exercise.

Ted : I often join a "plogging" team. Plogging is an interesting way of jogging. While you are jogging, you pick up trash on the street. Our team usually spends more than an hour on plogging, but you can decide how long you want to spend. We collected a lot of trash last week. I felt good to see the [(い)] town after plogging.

Ayu : That's interesting. We can [(う)] our town by plogging. I've never done plogging. I want to try it.

〔注〕 plogging　プロギング　　jog　ジョギングする　　trash　ごみ
spend ～ on …　～を…に費やす

(1) [(あ)] に入れるのに最も適当なのは，ア～エのうちではどれですか。一つ答えなさい。

ア 20　　**イ** 50　　**ウ** 150　　**エ** 180

(2) [(い)]，[(う)] に共通して入る同じつづりの英語1語を書きなさい。

(3) 話し合いおよびアンケート調査の結果からわかる内容として最も適当なのは，ア～エのうちではどれですか。一つ答えなさい。

ア Ted often gets exercise for his health.
イ Ted and Ayu must not spend over 60 minutes on plogging.
ウ Ayu usually does plogging for her health.
エ About 35% of the 200 students answered "no" to Question 2.

4 Kaori と留学生の Diego は，学校で配付された，ALT（外国語指導助手）の Alex 先生が書いた新聞（newsletter）について話をしています。次は，その新聞と会話の英文です。(1)～(4)に答えなさい。

新聞

Alex's Newsletter No. 13 / Monday, September 25

Let's ___(あ)___ with Alex !

Momiji City is going to have a world festival next month.

Let's make a "lamington" together at the festival. A lamington is a kind of cake from Australia. People in Australia love it.

There are a lot of events at this festival, and my event is one of them.
Learn about foreign countries and their cultures at this festival.

Momiji City World Festival
at Momiji Park

・Date : Sunday, ___(い)___ 8
・Time : 10:00 a.m. – 5:00 p.m.

Alex's event
10:30 a.m. – 11:50 a.m.

・To join my event, come to the information center in Momiji Park before 10:20 a.m.
・My event is open to everyone for free. You don't need to buy a ticket.
・For more information about the festival, visit Momiji City's website.

Kaori : Did you read the newsletter ? Why don't we join Alex's event ?

Diego : Sure. We can take a bus from Sakura Station to Momiji Park, right ? Let's check the bus timetable.

Kaori : The bus takes fifteen minutes to go from Sakura Station to the Momiji Park bus stop. Also, we need five minutes to walk from the bus stop to the information center.

Diego : Then, if we take (う)this bus, we'll arrive at the bus stop at 10:05 a.m.

Kaori : Right, and we'll be at the information center at 10:10 a.m. How about meeting at Sakura Station ?

Diego : OK.

〔注〕 lamington ラミントン　　for free 無料で
timetable 時刻表　　bus stop バス停

(1) ［　(あ)　］に入れるのに最も適当なのは，ア～エのうちではどれですか。一つ答えなさい。

ア　design a garden
イ　design a website
ウ　make a cake
エ　make a bag

(2) ［　(い)　］に入るのは何月ですか。最も適当な月を英語１語で書きなさい。

(3) 新聞からわかる内容として最も適当なのは，ア～エのうちではどれですか。一つ答えなさい。

ア　The world festival has only one event.
イ　Alex's event is going to start in the afternoon.
ウ　It is necessary to buy a ticket for Alex's event.
エ　Information about the world festival is given on the Internet.

(4) 次の時刻表で，下線部(う)の出発時刻として最も適当なのは，ア～エのうちではどれですか。一つ答えなさい。

Kaori と Diego が見ている時刻表の一部

さくら駅 発

行き先	もみじ公園 行き			
	平日		土・日・祝日	
	時	分	時	分
午前	9	10　30　45　55	9	15　50
	10	10　25　45	10	05　45

ア　午前９時45分
イ　午前 9 時50分
ウ　午前９時55分
エ　午前10時 5 分

5　Hanaがカスタネット（castanets）の写真を見せながら，英語の授業でスピーチをしました。次は，そのスピーチとHanaが見せた写真です。(1)～(6)に答えなさい。

picture

Look at this picture. It shows castanets made of wood. How do you play them ? It is easy. Tap the disks together, and you can make a [(あ)]. Small children often play these instruments in music classes in Japan. The castanets shown here were invented and born in Japan, and a man makes them at a workshop in a mountain area in Japan.

Many years ago, the man's father had the workshop, and made wooden products there. Around 1947, a music teacher visited the father. The teacher wanted to create an instrument that small children could easily play. The teacher explained (い)<u>his idea</u> to the father and asked him for help. The father and the teacher worked together, and the castanets were born. The castanets became popular, and they were used at many schools in Japan.

Later, the man took over the workshop from his father, and kept making the castanets. However, the situation was slowly changing. The man could not get wood for the castanets, and he closed the workshop in the spring of 2013. Several months later, he started making the castanets again. What helped him (う)<u>do so</u> ? The answer was a project working in the mountains near the workshop.

The project started in 2003 to create rich forests and to develop the communities around them. The condition of the forests was bad, so the project team [(え)] their condition. The team had to cut down trees to make rich forests, but the team did not waste those trees. In the summer of 2013, the team asked the man to make the castanets with the wood made of those trees. He [(お)] the idea, and opened his workshop to make the castanets again. He has used the wood provided by the project since then.

Actually, it is hard for him to make disks from such wood, but he uses it. He has (か)<u>some reasons for that</u>. First, he wants to do something for his town. He believes that using the wood for his castanets can help the project, the forests and the town. The forests will be a special gift for the town. Second, he wants to do something for children. He thinks that his castanets can teach children about trees in the forests. When children visit his workshop, he says, "Each disk has its own natural color. I don't paint disks. Let's find the color differences in them." He hopes that children will be interested in trees and learn about them.

Tap the disks together. You can hear the voice of the trees.

〔注〕 tap ～ together　～を軽くたたき合わせる　　disk　円盤
instrument　楽器　　invent ～　～を考案する　　be born　誕生する
workshop　工房，工場　　wooden　木製の　　around 1947　1947年頃
take over ～　～を引き継ぐ　　project　プロジェクト，計画　　rich　豊かな
develop ～　～をつくる　　condition　状態　　cut down ～　～を切り倒す
make ～ from …　～を…から作る　　paint ～　～に色を塗る

(1) [(あ)] に入れるのに最も適当なのは，ア～エのうちではどれですか。一つ答えなさい。

ア diary　　イ wall　　ウ sound　　エ hole

(2) 下線部(い)の具体的内容を説明する次の文の [　　　] に適当な日本語を入れなさい。

小さな子どもが，[　　　] ことができる楽器をつくりたいということ。

(3) 下線部(う)の内容として最も適当なのは，ア～エのうちではどれですか。一つ答えなさい。

ア invent the castanets

イ close the workshop again

ウ visit the teacher

エ make the castanets again

(4) [(え)]，[(お)] に入れる英語の組み合わせとして最も適当なのは，ア～エのうちではどれですか。一つ答えなさい。

ア (え) wanted to improve　　(お) agreed with

イ (え) wanted to improve　　(お) did not accept

ウ (え) did not change　　(お) agreed with

エ (え) did not change　　(お) did not accept

(5) 下線部(か)について，<u>当てはまらないもの</u>は，ア～エのうちではどれですか。一つ答えなさい。

ア The man wants the project to create rich forests.

イ The man wants the project team to stop cutting down trees in the forests.

ウ The man wants the town to receive a gift from the forests.

エ The man wants children to learn about trees in the forests.

(6) 本文の内容と合っているのは，ア～オのうちではどれですか。当てはまるものをすべて答えなさい。

ア The castanets shown in the picture were created in Japan.

イ The music teacher had a music class for his child at the workshop.

ウ The project decided to open a new workshop, and closed the man's workshop.

エ The man easily makes disks from the wood provided by the project.

オ Natural colors of the wood appear on wooden disks which are not painted.

紙

※

※70点満点
（配点非公表）

3

A(1)	
A(2)	
B(1)	
B(2)	
B(3)	

4

(1)	
(2)	
(3)	
(4)	

5

(1)	
(2)	
(3)	
(4)	
(5)	
(6)	

(2) 桃子さんは，B地区の予選会で50 m自由形に出場した60人の記録も調べ，次のような度数分布表に整理しました。①，②に答えなさい。

記録（秒）	A地区	B地区
	度数（人）	度数（人）
以上　　未満		
25 ～ 28	1	1
28 ～ 31	3	9
31 ～ 34	2	5
34 ～ 37	6	19
37 ～ 40	4	16
40 ～ 43	4	10
合計	20	60

① 桃子さんは，A地区とB地区を比較し，次のように考えました。度数分布表から読み取れることとして必ず正しいといえるのは，**ア**～**エ**のうちではどれですか。一つ答えなさい。

ア　記録の範囲は，A地区よりもB地区の方が大きい。
イ　記録の最頻値は，A地区よりもB地区の方が大きい。
ウ　記録の最小値は，A地区もB地区も同じ値である。
エ　記録の中央値は，A地区もB地区も同じ階級に入っている。

② 予選会の記録が34秒未満の人が全員，県大会へ出場できることになりました。桃子さんは，A地区とB地区のうち，県大会へ出場できる人数の割合が大きいのはA地区であると判断しました。桃子さんがこのように判断した理由を，累積相対度数の値を用いて説明しなさい。

5　太郎さんと花子さんは，＜ルール＞に従って□を黒く塗りつぶすことで，どんな模様ができるかを考えています。(1)～(3)に答えなさい。

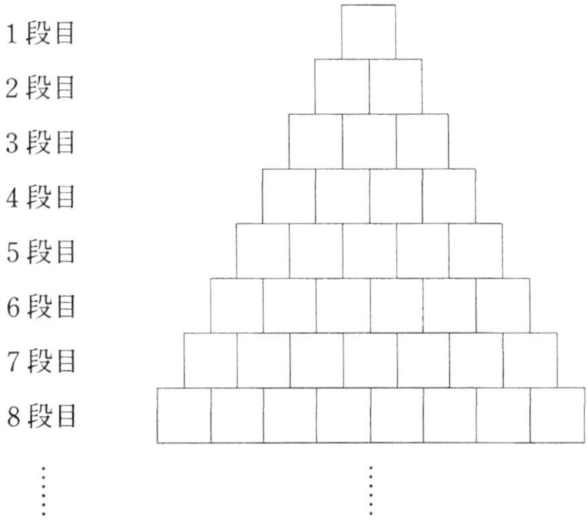

図1

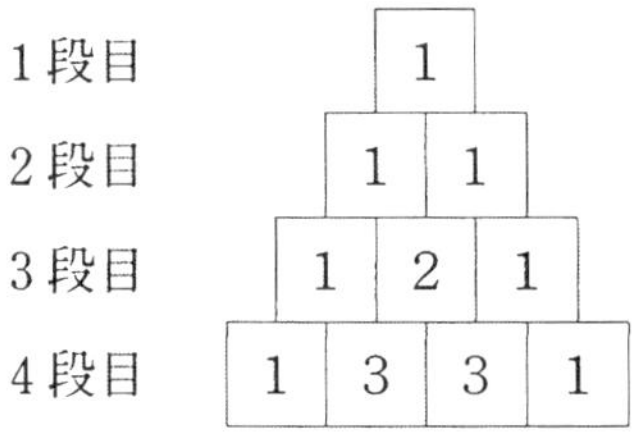

図2

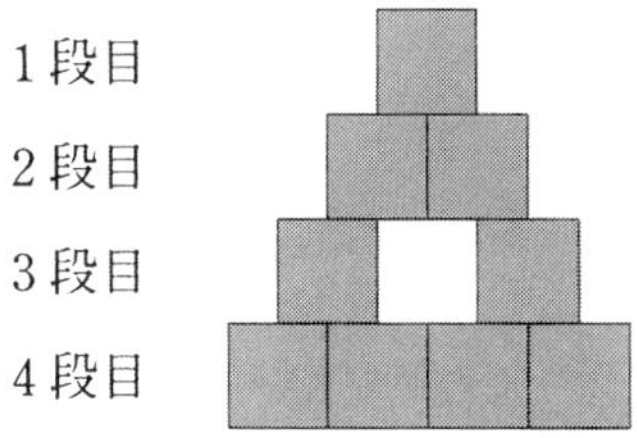

(□に入る数は省略している。)

図3

＜ルール＞

- 図1のように，上から順に1段目に1個，2段目に2個，3段目に3個，……　と，同じ大きさの□を規則正しく並べる。
- 図2のように，□には自然数が入る。まず，1段目と2段目の□に1が入る。3段目以降は両端の□に1が入り，両端以外の□は，その□と接している上段の2つの□に入る数の和が入る。
- 図3のように，□に入る数が奇数の場合，その□を黒く塗りつぶして模様をつくる。

花子：4段目まで数を入れたから，次は5段目に数を入れると，左から1，4，6，4，1となるよ。

太郎：次は6段目だね。両端は黒く塗りつぶすことがすぐにわかるけれど，それ以外は□に数を入れないとわからないのかな。ちょっと大変そう。

花子：黒く塗りつぶす□は，その□に入る数が奇数だとわかればよいのだから，もっと効率的に見つけられないかな。

太郎：そういえば，[　①　]と偶数の和は偶数になって，奇数と奇数の和も偶数になるよね。ここでは，和が奇数になるときを考えればいいね。

花子：なるほど。そうすると，両端以外で黒く塗りつぶす□は，その□と接している上段の2つの□に入る数が[　②　]の場合だね。

太郎：この性質を使えば，効率的に黒く塗りつぶすところがわかるね。

(1) [①], [②] に当てはまることばの組み合わせとして最も適当なのは，**ア**～**エ**のうちではどれですか。一つ答えなさい。

ア ①偶数 ②一方が奇数でもう一方が偶数　　**イ** ①偶数 ②両方とも奇数
ウ ①奇数 ②一方が奇数でもう一方が偶数　　**エ** ①奇数 ②両方とも奇数

(2) 下線部について，太郎さんは，文字を使って次のように説明しました。[　　　　] に説明の続きを書き，説明を完成させなさい。

＜太郎さんの説明＞

m，n を整数とすると，奇数は $2m + 1$，$2n + 1$ と表される。
このとき，奇数と奇数の和は，

[　　　　　　　　　　　　　　　　　　　　　　]

したがって，奇数と奇数の和は偶数になる。

(3) **＜ルール＞**に従って，1段目から16段目までの□を黒く塗りつぶしたときの模様として最も適当なのは，**ア**～**エ**のうちではどれですか。一つ答えなさい。

ア

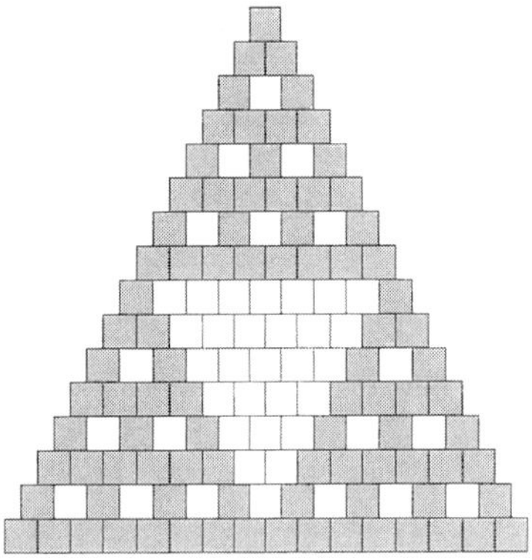

イ

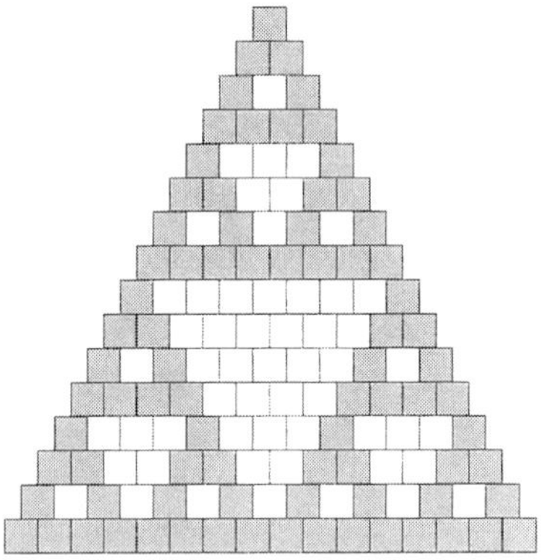

ウ

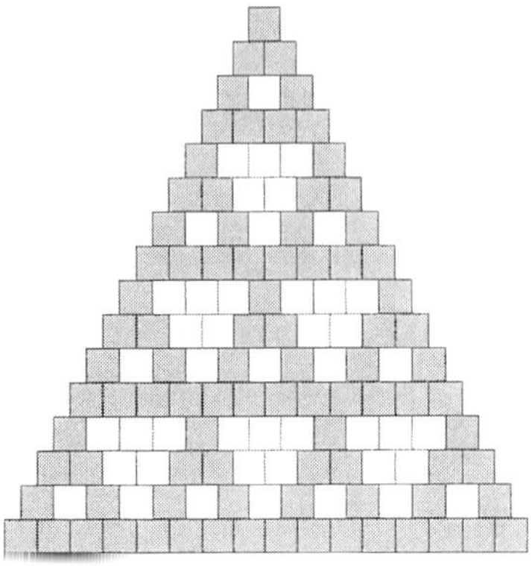

エ

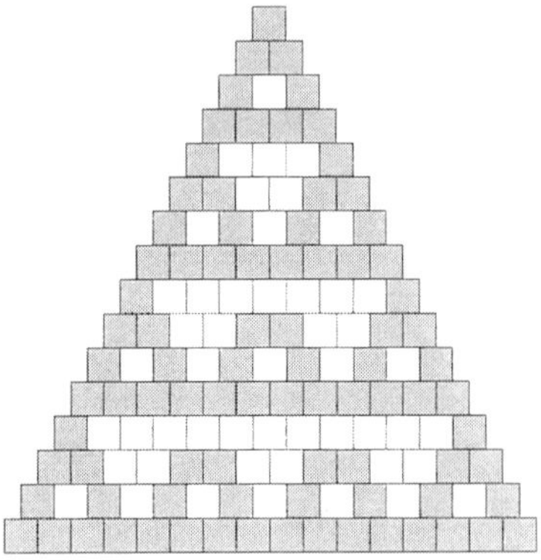

6　図のように，線分ＡＤを直径とする円Ｏがあります。２点Ｂ，Ｃは円Ｏの周上の点で，△ＡＢＣは鋭角三角形です。頂点Ａから辺ＢＣにひいた垂線と辺ＢＣとの交点をＨとし，点Ｃと点Ｄを結びます。⑴，⑵に答えなさい。

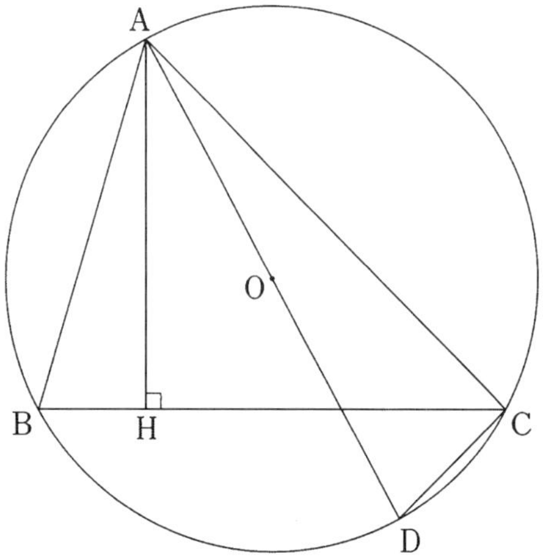

⑴　△ＡＢＨ∽△ＡＤＣであることは，次のように証明することができます。[　(あ)　]，[　(い)　]に当てはまるものとして最も適当なのは，**ア**～**カ**のうちではどれですか。それぞれ一つ答えなさい。

＜証明＞

△ＡＢＨと△ＡＤＣにおいて，
仮定から，
　∠ＡＨＢ＝90°　　　……①
半円の弧に対する円周角は直角だから，
　[　(あ)　]＝90°　　　……②
①，②から，
　∠ＡＨＢ＝[　(あ)　]　　　……③
また，[　(い)　]に対する円周角は等しいから，
　∠ＡＢＨ＝∠ＡＤＣ　　　……④
③，④から，２組の角がそれぞれ等しいので，
　△ＡＢＨ∽△ＡＤＣ

ア　∠ＡＢＨ　　**イ**　∠ＡＣＤ　　**ウ**　∠ＡＤＣ

エ　$\overset{\frown}{AB}$　　**オ**　$\overset{\frown}{BD}$　　**カ**　$\overset{\frown}{AC}$

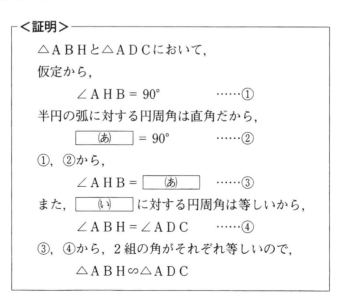

(2)　ＢＣ＝8cm，ＡＨ＝ＣＨ＝6cmのとき，①～④に答えなさい。

①　∠ＡＣＨの大きさを求めなさい。

②　線分ＡＢの長さを求めなさい。

③　円Ｏの半径を求めなさい。

④　線分ＡＤと線分ＢＣとの交点をＥとします。また，点Ｂと点Ｄを結びます。このとき，四角形ＡＢＤＣと△ＣＥＤの面積の比を最も簡単な整数の比で表しなさい。

紙

※

※70点満点
（配点非公表）

（　　，　　）
(cm³)

(人)
(秒)

6

(1)(あ)	
(1)(い)	
(2)①	(°)
(2)②	(cm)
(2)③	(cm)
(2)④	：

受検番号	(算用数字)	志願校	

解

注意　1　答えに$\sqrt{\quad}$が含まれるときは，$\sqrt{\quad}$をつけたままで答えなさい。
　　　　また，$\sqrt{\quad}$の中の数は，できるだけ小さい自然数にしなさい。
　　　2　円周率はπを用いなさい。

1

(1)	
(2)	
(3)	
(4)	
(5)	
(6)	$x =$

2

(1)	
(2)	
(3)	
(4)	
(5)	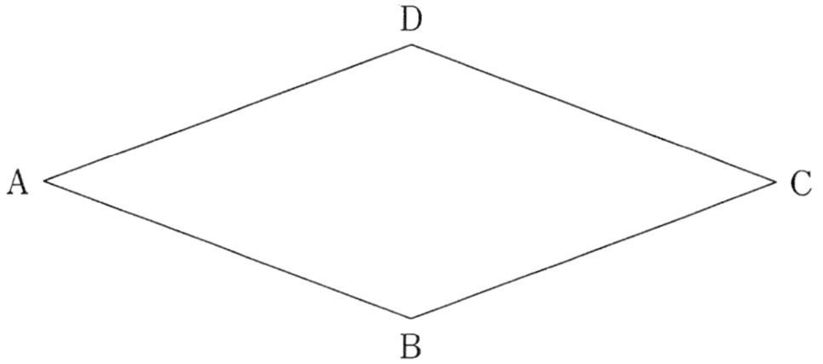

3

4

5

令和５年度学力検査［特別］

数　学　(45分)

受検上の注意

1　「始めなさい。」の指示があるまで，問題を見てはいけません。

2　解答用紙は，この表紙の裏面です。

3　指示があったら，解答用紙と問題用紙を全部調べなさい。
問題用紙は１ページから10ページにわたって印刷してあります。もし，ページが足りなかったり，やぶれていたり，印刷のわるいところがあったりした場合は，手をあげて監督の先生に言いなさい。そのあと，指示に従って解答用紙に受検番号，志願校名を書き入れてから始めなさい。

4　解答用紙の定められたところに，記号，数，式，ことば，文章などを書き入れて答えるようになっていますから，よく注意して，答えを書くところや書き方をまちがえないようにしなさい。

5　答えが解答欄の外にはみ出したり，アかイかよくわからない記号を書いたりすると，誤答として採点されることがあります。

6　解答用紙に印刷してある［　］や［※］には，なにも書いてはいけません。

7　メモなどには，問題用紙の余白を利用しなさい。

8　「やめなさい。」の指示があったら，すぐに書くのをやめ，解答用紙を机の上に広げて置きなさい。問題用紙は持ち帰りなさい。

9　解答用紙は，検査室からいっさい持ち出してはいけません。

お詫び

著作権上の都合により、文章は掲載しておりません。
ご不便をおかけし、誠に申し訳ございません。

教英出版

お詫び

著作権上の都合により、文章は掲載しておりません。
ご不便をおかけし、誠に申し訳ございません。

教英出版

（出典　歌代朔《うたしろさく》「スクラッチ」）

（注）　アクリルガッシュ――絵の具の一種。速乾性や耐水性に優れている。

『暗闇の牛』――物の判別がつかないこと、また、動作の鈍いことのたとえ。

ネイビーブルー――濃紺色。

イーゼル――絵を描くときにカンバスや画板を立てかけ固定する台。

パレットナイフ――パレット上で絵の具を練る小刀。いったん塗られた絵の具のそぎ落としなどにも用いられる。

(1)　ⓐ「不思議な……いった」とありますが、このときの「僕」の様子について説明した次の文の［X］、［Y］に入れるのに適当なことばを、［X］は七字、［Y］は五字で、それぞれ文章中から抜き出して書きなさい。

自分の描いた絵を黒く塗りつぶしていくうち、今の運動部員たちの姿を、［X］を詰め込んだあざやかな絵で表現する必要はないことに思い至り、以前から、自分の描く絵を［Y］と感じていたことに合点《がてん》のいった様子。

(2)　ⓑ「急に凍りついたような顔になった」とありますが、このときの「鈴音」の心情を説明したものとして最も適当なのは、**ア**～**エ**のうちではどれですか。一つ答えなさい。

ア　自分への当て付けに絵を台無しにしたと考え、憎らしく思っている。

イ　自分の失敗を厳しく追及されることを警戒し、不安を募らせている。

ウ　自分自身がモデルとなった絵を二度と見られず、怒りを覚えている。

エ　自分が深刻な事態を引き起こしたと思い込み、罪悪感を抱いている。

(3) 「……いける！」とありますが、このときの「僕」の心情を説明したものとして最も適当なのは、**ア**～**エ**のうちではどれですか。一つ答えなさい。

ア 感情の発露の美しさに感動するとともに、絵を仕上げる方策を見いだして興奮を覚えている。
イ 黒く塗りつぶしてしまった絵に心を奪われ、このままにしておくほうがよいと納得している。
ウ 日常の風景を描くことの素晴らしさを再確認し、早く絵を元に戻そうと焦燥に駆られている。
エ にぎやかな様子に心を弾ませながら、自分も人を楽しませる絵を描こうと決意を固めている。

(4) ⓓ「これは……生け捕れ」とありますが、この表現が何をたとえているのかを説明した次の文の□に入れるのに適当なことばを、二十字以内で書きなさい。

僕の、□とする積極的な姿勢。

(5) A「今の僕ら」、B「今の僕ら」が象徴しているものとして最も適当なのは、**ア**～**オ**のうちではどれですか。それぞれ一つずつ答えなさい。

ア かつての栄光にこだわり、自分の力で新たな道を切り開くこともできない未練がましい姿。
イ 押しつけられたものをおとなしく受け入れ、目標を見失ってやる気をなくしてしまった姿。
ウ 周囲に認められなくても地道に努力を重ね、いつか躍動できる機会を辛抱強く待ち続ける姿。
エ 苦境に立たされても臨機応変に対応し、周囲の人々と協力しながら乗り越えようとする姿。
オ 物事が思い通りに進まなくてもただ耐えるのではなく、自分なりにできることに取り組む姿。

(6) この文章の表現と内容について説明したものとして最も適当なのは、**ア**～**エ**のうちではどれですか。一つ答えなさい。

ア 「一ミリだって使っていない、色。」という体言止めを用いた表現は、黒色への僕の強い憧れを浮き彫りにしている。
イ 「黒く、黒く。全部、全部、黒く。」という反復を用いた表現は、集中して絵を塗りつぶす僕の姿をきわ立たせている。
ウ 「蜂蜜のようにまろやかな」という比喩を用いた表現は、穏やかな日々の到来を信じる僕の内心を印象づけている。
エ 「ガリガリと薄く削られ」という擬態語を用いた表現は、初めての技法で絵を描く僕の技術の未熟さを強調している。

4　次の文章を読んで、(1)～(5)に答えなさい。

ＡＩを搭載したコンピューター将棋のプログラム「Ponanza（ポナンザ）」が、二〇一七年の第二期将棋電王戦で、将棋のプロ棋士で二十代目名人の佐藤天彦《さとうあまひこ》九段に勝利したとき、世間は「ついにⓐ〝人間がコンピューターに勝てない時代〟が到来した」と騒然となりました。

いまの将棋のプロの対戦をテレビやネットで観戦すると、棋士が一手さすごとに、画面の端にＡＩが計算（予測）したそれぞれの棋士の「勝率（その局面での優勢度合い）」が瞬時に表示されます。実際に対戦している棋士自身が分からなかったとしても、その一手でどれほど勝利（または敗北）に近づいたのか、ＡＩは即座に勝率を割り出して、具体的な数値で表示するのです。（中略）

ポナンザが勝てたのも、プロ棋士たちが残してきた過去の膨大な棋譜（データ）をもとにして、対局中に対戦相手から一手指されるごとに、一致する局面を検索・照合して、そこから先の勝ちパターンへの組み合わせを検討し、「この局面になったら次はこう指して、その次はこう指せば優勢になる（最後は王手にたどり着く）」という指し筋をものすごい速さで計算し読み切ったからです。

「優れたプロ棋士は一手を指すとき、その何十手先までも読んでいる」と言われますが、ＡＩは、これまでに棋士たちによって残された何万という棋譜のデータを参考にしながら、棋士のはるか先まで瞬時に指し手（正解）を計算しているのです。そのような「蓄積されたデータ数と計算速度」を競わなければならないとしたら、人間が将棋でＡＩに勝つのはほぼ不可能と言えるでしょう。

［ⓑ］、だからと言って「何かを思考するとき、もう人間はＡＩに勝てない」などと嘆き悲しむ必要はありません。（中略）

ＡＩが超高速で求めることができるのは、あくまでも「勝つためにすでに実践されたことのある『解』への最短距離」であって、決して「誰もがまだ成し遂げたことのない創造的（クリエイティブ）な偉業」ではないのです。

それゆえに、ＡＩが飛躍的な進歩を遂げた現在に至っても、弱冠一九歳で五冠を達成した藤井聡太《ふじいそうた》竜王（王位・叡王《えいおう》・王将・棋聖）のような一流のプロ棋士たちは、ＡＩによってかなりの劣勢と判断された窮地も一気にひっくり返してしまう起死回生の一手を指せるのです。だからこそ、ひととひとが死力を尽くして戦う将棋の人気が衰えることはないのです。

ノイマン型のコンピューターが論理的思考を究極まで進歩させてスパコンに発展しようとも、機械学習やディープラーニングという新たな手法で飛躍的に進化したＡＩが登場しようとも、ⓒ人間の創造的思考の代わりにはなり得ません。

では、どうすれば創造的思考を身につけることができるのでしょうか。

「これはできそうだ」「こうすればうまくいく」という成功・失敗を基準に、論理的に〝成功する確率が高められる方法〟を求めているだけでは、創造的思考を身につけることなどできません。

創造的思考へのアプローチは「おもしろそう！」「楽しそう！」という素直な気持ちに従うことから始まるのです。

ⓓプロ野球の大谷翔平《おおたにしょうへい》選手はピッチャーとバッターの「二刀流」でメジャーリーグ（ＭＬＢ）でも目覚ましい活躍を見せ、数々の賞を総なめにしました。

　今でこそ大谷選手の二刀流は称賛されていますが、二〇一三年に日本ハム・ファイターズで栗山英樹《くりやまひでき》監督（当時）が大谷選手の意向を汲んでピッチャーとバッターの両方での起用を発表したとき、一部のプロ野球の業界関係者やスポーツ関連の評論家などからは「そんな非常識なことをさせて、逸材である大谷選手の将来を潰す気か！」という内容の激しい批判や非難の声がたくさん上がりました。（中略）

　常識の範囲で考えたときに「正しい」とされる「解」にできるかぎり確実かつ最短で到達しようとする論理的思考に従えば「ピッチングに専念して将来の大投手を目指す」か「バッティングだけに集中して大打者になる」のいずれかを選ぶ方が、「ピッチングにもバッティングにも全力を尽くしてチャレンジする」という茨の道を選ぶよりも、成功する可能性が高くなるでしょう。

［ⓔ］、大谷選手はあえて「成功する可能性の高い選択肢」を選びませんでした。

　大谷選手は自分が「やりたい！」と思ったこと、「なりたい！」と願った姿を目指して、決断し、挑戦したのです。かつては「常識はずれ」や「無謀」などと揶揄《やゆ》され、誰も成功するとは想像すらできなかった大谷選手のチャレンジがなければ、今の素晴らしい活躍を私たちが目にすることはなかったでしょう。そんな大谷選手こそⓕ「クリエイティブな生き方」を実践している若者だと私は思うのです。

　スポーツにかぎらず、あらゆる「創造的（クリエイティブ）な偉業」を達成したひとたちは、世間では「絶対に変えられないもの」と考えられていた「常識」の壁を突破した者たちです。そして、当時の常識では無謀とも考えられた挑戦に彼らを駆り立てたものは、純粋に「おもしろそう！」「楽しそう！」という想《おも》いであり、その想いこそが最も大きな原動力になったのだろうと私は推測します。

　たとえ前例のないモノやコトであったとしても、「そっちの方がなんだかおもしろそう！」とか「ふつうはこんなことやらないのだろうけど、でも、やりたいからやってみよう！」とひらめいたとき、その「ひらめき（アイデア）」を実現するために、自分自身を信じて、一生懸命に努力を続けることが何より大切なのです。

（出典　畑村洋太郎「やらかした時にどうするか」ちくまプリマー新書）

（注）　棋譜――将棋の対局の手順を示した記録。
　　　ノイマン型――現在の、ほとんどの一般的なコンピューターにおける基本システム。
　　　スパコン――スーパーコンピューターの省略形。
　　　機械学習――データからコンピューターが自動的に何らかの規則や判断基準を学習し、それに基づき解決策を予測・判断する技術。
　　　ディープラーニング――深層学習。機械学習の分析手法を拡張し、高精度の分析や活用を可能にした手法。
　　　揶揄――皮肉を言ってからかうこと。

(1) ⓐ「人間がコンピューターに勝てない時代」とありますが、「人間がＡＩに勝てない」とはどういうことかを説明したものとして最も適当なのは、**ア**〜**エ**のうちではどれですか。一つ答えなさい。

ア 人間は、その時の感情で判断基準が変わるため、ＡＩのように事実を客観的に捉えるのが苦手だということ。
イ 人間は、膨大なデータを迅速に処理し、効率的に答えを求める能力においてＡＩには及ばないということ。
ウ 人間は、常に深い思考力を発揮するように努めなければ、ＡＩを上手に活用することはできないということ。
エ 人間は、様々な経験を積むことで、はじめてＡＩと同じく一歩先を見据えた選択が可能になるということ。

(2) ［ⓑ］、［ⓔ］に共通して入れることばとして最も適当なのは、**ア**〜**エ**のうちではどれですか。一つ答えなさい。

ア しかし　**イ** つまり　**ウ** あるいは　**エ** なぜなら

(3) ⓒ「人間の……なり得ません」とありますが、筆者がこのように述べる理由を説明した次の文の□に入れるのに適当なことばを、文章中から十三字で抜き出して書きなさい。

ＡＩが、課題解決のために□方法の中から最適解を導き出すのに対して、人間は、創造的思考によりまったく新しい方法を生み出して、新たな困難にも対処することができるから。

(4) ⓓ「プロ野球の大谷翔平選手」とありますが、この例が果たしている役割を説明したものとして最も適当なのは、**ア**〜**エ**のうちではどれですか。一つ答えなさい。

ア 創造的思考による直感があらゆる選択の場面において有効であることを証明する役割。
イ 自己の創造的思考の結果を尊重してくれる協力者が必要であることを説明する役割。
ウ 論理的思考のみにとらわれず創造的思考を働かせることによる効果を明確にする役割。
エ 時と場に応じて創造的思考と論理的思考とを使い分けることの意義を強調する役割。

(5) ⓕ「クリエイティブな生き方」とありますが、筆者の考える「クリエイティブな生き方」について説明した次の文の□に入れるのに適当なことばを、十五字以内で書きなさい。

興味・関心を原動力として決断し、□ことにより、理想とする姿の実現に向け、自分を信じて努力を続ける生き方。

3

(1) X	(1) Y	(2)	(3)	(4)	(5) A	(5) B	(6)

4

(1)	(2)	(3)	(4)	(5)

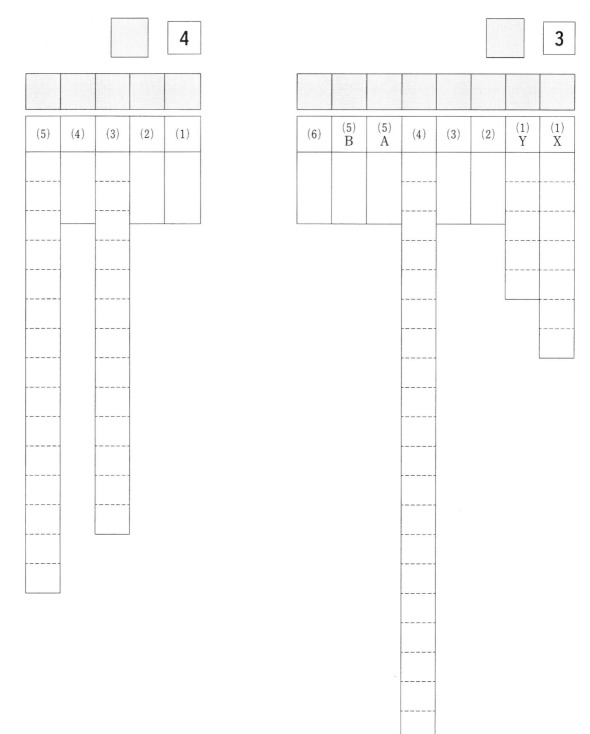